*LES AVEUX
DU VENT
À LA MER*

JACQUELINE RICHARD

LES AVEUX DU VENT À LA MER

Édition : BoD – Books on Demand
12/14 rond-point des Champs-Élysées, 75008 Paris
Impression : Books on Demand GmbH, Norderstedt, Allemagne
ISBN : 978-2-3221-0333-1
Dépôt légal : juillet 2019

Il est des messages empreints de sagesse
Que l'on découvre sous les ailes du vent.
Ils sont pétris d'amour et de tant de richesses
Que même la mer les écoute en se retirant.

HISTOIRE D'UNE MAIN

Mon ange, quand tu dors à poings fermés,
Tu possèdes, sous tes petits doigts,
Bien plus encore que tout l'or du monde :
La grâce d'un matin, l'effleurement de la colombe.
Souvent, tu dessines sur les murs,
Des goélands en ombres chinoises, une biche aux abois.
Comme tu parles bien avec tes petites mains !
Tu as tout compris du langage humain.

Un jour, tu prendras le chemin de l'école,
Tu serreras bien dans ta menotte les doigts
De ta maman pour prendre ton envol.
Tu tiendras un crayon, tu traceras des serpentins.
Et tu ne comprendras plus rien,
À ces signes étranges sur la page blanche,
À cette encre qui coule, bleue comme la mer.
Mais Dieu sait combien tu seras fier !

Puis tu grandiras telle une flamme dans l'âtre,
Une main tenant ton sac en bandoulière
Et l'autre tirant sur ta cigarette familière.
Tu ne perdras pas un pouce de ta taille
Car tu devras te mesurer aux copains.
Des gestes de conquérant aux grands idéaux,
Tu brandiras ton poing rageur fièrement,
Puisque l'Univers un jour t'appartiendra.

Ensuite, l'amour guidera la caresse de tes mains
Sur un corps différent, plein de promesses.
Tu seras malhabile, tu te sentiras un autre homme,
Comme Adam quand il a croqué la pomme.
Un soir, tu sentiras, sous ta main attendrie,
Un coup de pied dans le ventre rebondi
De la belle compagne que tu auras choisie.
Ce sera la plus folle aventure de ta vie.

Les années passeront avec tant de largesse,
Tu seras un homme heureux, tes mains à l'ouvrage
Donneront du fruit et bien davantage encore.
Tes enfants quitteront ta maison un matin
Pour poursuivre à leur tour, l'inéluctable destin
De ces gens ordinaires qui sont de passage.
Tu auras les tempes grises et dans le creux de tes mains,
On pourra lire que tu as juste été quelqu'un de bien.

MESSAGE TROUBLANT

J'ouvre l'enveloppe et je découvre, sur une feuille d'écolier,
Le dessin d'une rose, aux pétales cruellement arrachés.
Est-ce là, une façon de traiter une si jolie fleur de jardin,
Que de la dévêtir, de la profaner et de lui donner tant de chagrin ?
Je sais que toute rose a des épines et peut parfois blesser,
Mais je ne comprends pas pourquoi Dame Nature l'a ainsi apprêtée.
Un être porte la responsabilité de ce qu'il a apprivoisé,
Racontait le Petit Prince, en s'adressant à l'âme de l'humanité.
Je rêve d'être cet enfant aux yeux ronds comme deux pommes,
Démontrant que l'innocent vaut bien plus qu'une grande personne.
Je devine pourtant que cette image n'est pas venue à moi, par hasard.
« Si elle provenait d'un astéroïde, ce serait vraiment bizarre !»
Me dis-je, en pensant alors qu'une nouvelle est pareille à un signe,
Et la rose sans pétale fut abandonnée, peut-être devant un cep de vigne.
Combien d'appels au secours nous parviennent dans une simple lettre ?
Les ordinateurs et les Smartphones prennent plaisir à les faire disparaître.
Enfin, je retourne tristement la feuille quadrillée d'écolier
Et j'aperçois le portrait d'un garçon, au cœur violemment transpercé.
Je tremble d'effroi et des larmes amères me reviennent,
Car celui qui touche à un Petit Prince, fait beaucoup de peine.
Roses en souffrance, plaies mortelles de l'innocence sont pareilles
Aux nuages noirs qui assombrissent la lumière du soleil.

OBSESSION

J'ai jeté une bouteille à la mer
Afin d'y faire mourir mes pensées amères.
Le flux des vagues me les a rapportées
Comme une sentence pour un condamné.
Alors, je suis entrée dans une église
Pour que mes idées noires se volatilisent ;
Mon cierge allumé n'a pas su invoquer
Les saints du Ciel sûrement partis en congé.
Puis j'ai voulu noyer dans la vodka
Toutes mes peines et mes tracas,
C'était compter sans mon verre
Qui se brisa dans un éclair.
Il me fallut prendre la terrible décision
De broyer mes soucis à coups de cachetons.
Mais mon estomac, pris par la nausée
Les renvoya intacts dans mon évier.
Pensez donc, je ne savais quoi faire
De toutes mes pensées mortifères !
Je me mis à les écrire,
Croyant ainsi éviter le pire.
Et l'encre les a noircies davantage ;
Sur ma page, elles faisaient des ravages !
Elles complotaient même entre elles
Pour savoir laquelle était la plus fidèle.
Je ne parvenais pas à les faire taire

Et je fis appel à la Vie toute entière
Pour qu'elle conjure ce sortilège.
Et là, je crus commettre un sacrilège
Quand elle m'envoya promener sur les roses.
Je vous assure, c'est quelque chose !
Alors, je semai un parterre de fleurs,
De pensées et de soucis qui poussèrent en un seul cœur.
Peu à peu, mes tourments laissèrent la place
À un amour pour la nature aussi vrai que tenace.

L'ORANGE DE NOËL

Comme ils étaient heureux, mon père et ma mère
Lorsque mes grands-mères déposaient sur la paume de leurs mains,
Ce beau fruit juteux à l'odeur tellement particulière :
Une orange de Noël plus précieuse que la perle ou le jasmin.
Je sais, j'ai peut-être tort de revenir aux jours d'antan, à cet hier,
Tort de l'évoquer pour les enfants de demain.
Une orange, c'est l'un des agrumes des plus ordinaires
Pour celui ou celle qui n'ont jamais connu la faim.
Les années ont passé et je me revois, petite fille si fière
Quand je découvrais, dans mes souliers, enfin
Cette poupée aux cheveux bruns, à l'allure altière,
Et le Jésus en sucre au pied de notre petit sapin.
Ma grande sœur me donnait un coup de coude salutaire
Pour me montrer que ce n'était vraiment pas vain
De laisser au fond du soulier, l'orange de noël si solitaire.
Je bredouillais une excuse, je faisais mine de rien.
Je pensais alors à cette chose insignifiante et éphémère
Qui m'apporterait immanquablement son lot de pépins !
Mais tout le monde le sait, aucun regard de sœur ou de mère
Même sévère ne pourrait jamais donner autant de chagrin
Qu'un Père-Noël soupçonneux ; avec son air débonnaire,
Le vieil homme pourrait tout reprendre car il est très malin.
Puis mes enfants sont venus au monde, les yeux pleins de lumière
Devant les décors et les vitrines des grands magasins.
L'orange de noël est resté cachée, quelle pauvre misère,

Au fond de leurs chaussures dès le petit matin.
Aujourd'hui les bambins courent après des chimères.
Et même s'ils ressemblent à des chérubins,
Ils abandonnent l'orange tel un amas de poussière,
Sans comprendre le sens de l'offrande, plus riche que les câlins.

EN SOURDINE

Je cherche un accord, une fugue en la majeur,
Un alto provenant de l'alchimie du cœur.
Je ne peux chasser ce silence impressionnant
Qui sème la déroute par ses accents blessants
De grand vide, de tristesse inconsolable.
Je hais ces plages de rien insupportables
Où l'on veut tuer le temps, comme s'il fût un voyou
Qui passerait sa vie à nous donner des coups.

Oui, j'imagine un bruit, un pépiement d'oiseau,
Laissant une adresse vers qui aller là-haut.
Je créerais peut-être ce fascinant chemin
En poursuivant l'envol d'une mouette au loin.
Est-ce qu'il y a quelqu'un qui entende
Le chant d'une âme qui a tant à revendre,
D'amour, de féerie, de nobles prières ?
Y a-t-il quelqu'un qui se soucie de la Terre ?

Je ne perçois qu'une sirène, un klaxon,
Ces hurlements de machines tournant en rond.
Sous la lucarne, un ciel bâché de nuages
Prédit la pluie ; ce sera un beau tapage !
Sur mes vitres, comme une musique enfin,
Un écho qui me rappelle quelqu'un de bien.
Un avion fracassant a fait son irruption,
Ce tyran, saccageur de rêves et de frissons.

Je guette la sonate du crépuscule,
Ces pas feutrés tels des ondes minuscules.
S'ils portaient en eux la même joie
Que le tempo d'une voile qui se déploie.
Quand le vent larguera cette langueur d'un soir,
Je sortirai des abysses du désespoir ;
Car la vie se fond dans l'amour du lendemain.
Jamais la mort ne triomphera du divin.

RENAISSANCE

Regardez Dame Nature dans son incroyable métamorphose.
Elle se dévêt de sa dentelle nacrée de givre, s'habille de rose.
Telle une mariée resplendissante d'allégresse, elle se pâme
Devant un miroir d'eau où se reflètent des saules inondés de larmes.
Dame Nature est altière et bien que tout soit ainsi, éphémère,
Elle disperse aux alentours bleuets, jacinthes et primevères.
De ses doigts fébriles et agiles, elle dessine des bruyères odorantes,
De fragiles renoncules, de petites pimprenelles, des clématites luxuriantes.
Et le promeneur, devant le bras accueillant de sa Loire argentée
S'extasie devant la majestueuse Dame Nature qui n'a jamais rien laissé
Au hasard : le pépiement d'un oiseau, l'envol d'un cormoran au ras de l'eau.
Tout frémit et palpite telle une douce musique à son propre tempo.
Un souffle léger enveloppe de volupté le promeneur aux pas ralentis
Qui brisent quelques morceaux de bois, interrompant la symphonie.
Au ciel entrouvert, sous l'ombre d'une nuée captive, un rai de lumière
Déverse des pépites étoilées dans le reflet du fleuve téméraire.
Dame Nature s'enrichit chaque jour, d'une multitude d'éclosions
De touches de couleur, de frêles et minuscules bourgeons.
Et quand, baissera le jour, que déclinera le soleil, le promeneur
Emportera les secrets d'une Dame au plus profond de son cœur.
Car l'amour de la beauté renvoie à l'infinie préciosité de la vie
Qui coule dans nos veines et insuffle à nos âmes une étrange folie.

HISTOIRE D'UN BOULANGER

Un pauvre boulanger se lamentait devant son pétrin.
Personne ne voulait acheter ses baguettes de pain.
Un soir, il s'endormit profondément devant son fourneau
Et il tomba dans un songe extraordinairement beau.
Il se voyait au milieu des nuages, parmi les anges
Qui lui prodiguaient des conseils et chantaient des louanges.
Des couronnes de pain croustillantes et savoureuses
Luisaient et se coloraient, sous une lumière radieuse.
Le boulanger aurait voulu tout emporter dans ses bras
Mais un séraphin le retint et lui dit cela :
« Avant que tu ne reviennes sur Terre, je te donne
Cette fine baguette d'or que m'a confiée la Madone.
Garde-la précieusement et du deviendras prospère.
Mais prends garde à toi, boulanger, tu devras te taire,
Sinon tu deviendrais un homme des plus malheureux. »
Après ces mots, le boulanger se vit descendre des Cieux ;
Il se réveilla brusquement, ses grands yeux émerveillés,
Il avait dans ses mains, la fine baguette dorée.
N'y tenant plus, il la fit virevolter autour de lui
Quand apparurent les couronnes de pain du paradis.
Et le boulanger devint le plus riche du village ;
Mais hélas, gonflé d'orgueil, il ne fut pas le plus sage.
Un matin où il étalait ses pains dans sa boutique,
Il ne put s'empêcher de montrer sa « baguette magique ».
Les clients se montrèrent curieux et intéressés

Par son histoire insolite qu'il s'empressa de raconter.
Aussitôt, un orage violent se fit entendre
Et les murs de sa boutique commencèrent à se fendre.
Le boulanger se rappela les paroles de l'ange
Et disparut en criant, dans une lumière étrange.
Car ici-bas, même les bavards reçoivent des leçons.
En vantant leur richesse, ils partiront en tourbillon.

AMOUR ABSOLU

Seule, la nuit assouvit les beaux rêves
Tel un diamant de feu sous les doigts de l'orfèvre.
Une kyrielle de songes a élu tes paupières
Pour y cacher tant de noblesse singulière
Que je ne peux croire que cela m'appartienne.
J'aime pourtant tes yeux et quoi qu'il advienne :
Nous serons l'un pour l'autre une esquisse
D'un bonheur aussi pur qu'une fleur de lys.
Et je soulignerai l'infinie délicatesse de tes lèvres
Au sourire effaçant mes tourments et ma fièvre.
L'Univers a de tels accents désolés
Qu'il est divin de pouvoir encore s'aimer.
Dans ce silence de satin qui dévoile même mes rides,
J'appelle la force de tes mains pour qu'elle me guide.
Ton corps ravit tous les sens de mon être,
Lorsque dans un souffle, il me semble renaître.
Ton image a l'éclat d'un soleil d'été,
Surprenante lumière sous tes traits sublimés.
Jamais je ne puiserai autant d'or et d'amour
Que dans l'écho de ta voix suave, de velours.
Mais tu partiras comme l'aube se lève
Car même si la nuit se déploie, le temps s'achève
Dans ces rites d'un jour, oubliant nos promesses.
Tu mes les avais données avec tant de largesse.
Mes larmes seront alors mes seules complices

Face à la morsure de ton absence pareille à un supplice.
L'ombre de tes pas sera mon unique souvenir,
Le solstice de mes hivers si empressé de venir.

L'ÉCOLIÈRE

Encre bleue qui colore mes pages
Dans un festival de couleurs.
J'aime ta senteur de classe d'écoliers.
Mais au-delà de tes chemins sur papier quadrillé
Tu laisses les vestiges de mes écritures cursives,
De hampes et de jambages tortillés.
Tant d'efforts pour une lettre tracée
D'une plume belle à glorifier
L'ensemble de l'alphabet.
Encre rouge, mauvais présage
De bons points enlevés, capturés
Par l'institutrice à l'œil inquisiteur.
Pourquoi ne pouvions-nous pas t'effacer ?
Ne valait-il mieux pas laisser la page blanche,
Pareille à une banquise désertée ?
Encre noire, larme du désespoir
Au fond de l'encrier.
Je sens venir la fin d'une année tant appréciée.
Maintenant que l'encre a séché,
J'imagine ce soleil d'été brûlant
Qui tentera de consumer dans ma mémoire,
Tel un feu dévorant, mes états d'âme d'écolière.
Adieu pages de brouillon, adieu mon tablier taché.
Le jaune ensoleillé l'emporte sur le noir désolé.
Toutes les teintes sont désormais disséminées

Au plus profond de mon être,
Et je sais que personne ne ravira mes souvenirs.
Qu'elle soit rouge, jaune, azur,
Ma pensée se fond plus profondément
Que l'ancre d'un navire, dans le bleu de l'océan.

LES FAVEURS DE MARGAUX

Dame Margaux filait doucement la quenouille,
Quand arriva instamment un jeune troubadour.
Il ressemblait à un gueux, une drôle de fripouille
Mais il serinait avec justesse, des mots d'amour.

D'un geste las, Dame Margaux lâcha son fuseau
Sur un coin de l'âtre, dans la cendre grise.
Le ménestrel hardi pointa son museau
Et la belle dame en fut éprise.

Dame Margaux s'offrit, en tendant ses bras
Vers celui qui embrassa sa bouche charmante.
Leurs deux corps s'emmêlèrent une dizaine de fois,
Tandis que l'époux guerroyait à Nantes.

Dame Margaux ajustait nonchalamment son corsage,
En renvoyant son troubadour à son métier.
Mais, alors qu'elle descendait de son nuage,
Son chevalier d'époux entra dans ses foyers.

Il savait que, depuis des lunes, Dame Margaux
Offrait ses faveurs à tous les ménestrels.
Aussi, verrouilla-t-il les portes du château,
Bien décidé à confondre l'infidèle.

Dame Margaux se trouva ainsi recluse,
À filer le fuseau pendant des heures.
Le mari cocu mit fin à ses ruses,
Mais il se pâma devant la jouvencelle en pleurs.

La morale de cette histoire est la suivante :
Il ne suffit pas d'éloigner un ménestrel pour retenir
Une jolie damoiselle aussi aguicheuse qu'intrigante,
Car même les maris s'y laissent séduire.

L'ETOILE ET LE CHEVAL FOU

Comme il était beau, ce cheval dans la nuit
Galopant, crinière au vent comme s'il eût été poursuivi.
Il courait, dans un faisceau de lumière,
Sous une étoile pour rejoindre une armée entière.
« Reste avec moi, je te protégerais de la guerre ! »
Lui suppliait l'étoile filante en partance pour la mer.
Mais, le petit cheval voulait tenir ses promesses
En retrouvant son maître à toute vitesse.
Il écumait de sueur en fendant l'horizon
Tandis que l'étoile filante rêvait de ce polisson.
« Si je vais plus vite que toi, tu m'appartiendras ! »
Exigea la petite étoile qui fonçait tout droit.
Et une course folle s'instaura entre tous deux,
Lequel serait le plus rapide sous les cieux.
Le cheval ne voulait en aucun cas être la propriété
D'une créature céleste, fut-ce la plus distinguée.
« Tu ne m'auras pas, j'aime trop ma liberté ! »
S'exclama le cheval en partance vers son armée.
Puis, la petite étoile resta seule dans la nuit
Quand soudain, elle perçut un cri.
Elle poursuivit sa course effrénée au hasard
Et elle arriva beaucoup trop tard.
Un engin de feu avait foudroyé son ami
Avant que son maître n'eut épaulé son fusil.
Comme il étai fou, ce cheval dans la nuit
Galopant, crinière au vent, comme s'il eût été poursuivi.

BATAILLE POUR LA PAIX

Elle est née au creux même d'un rocher,
Rêvant d'azur, de grands espaces et de liberté.
Elle avait tant apporté au monde,
La pure, la belle, la douce colombe.
Rien ni personne ne semblait pouvoir l'arrêter,
Pas même le vent du soir sifflant dans les cheminées.
Son envol majestueux, par ses ailes déployées,
Traçait dans le ciel des volutes argentées.
Les enfants n'avaient jamais rien vu de pareil
Quand ils la voyaient chanter sous le soleil.
Ah ! Qu'elle nous était chère, la colombe,
Avant que les hommes n'aient inventé les bombes !
Maintenant, les entrailles de la Terre
Crient sous la violence des guerres.
Une rivière pourpre, incandescente
De sang coule telle une absinthe indécente.
Ah ! Elle avait pourtant dénoncé, la colombe,
Toute la misère, tous les crimes immondes.
Puis, des tireurs ont visé son rameau d'olivier
Alors qu'elle voulait gentiment nous l'accorder.
Bientôt, la colombe s'enfuira à tire d'aile
Afin de s'éloigner de ces hommes sans cervelle.
Il nous faudra recomposer
La musique de son cœur pour réapprendre à aimer.

1er prix bibliothèque « Les mains d'or » Giberville 2017

GRAND-PÈRE

Les volets battants d'une maison résonnent tel un écho ;
Dans le creux de ma mémoire, j'entends un vague sanglot.
Je vois encore les anciens murs de pierre, le papier peint jauni
Et mon grand-père apparaissant, les yeux baissés, le pas ralenti.
Je reconnais sa main droite blessée et posée sur sa canne familière
Qui témoignait de ce terrible passé, celui de la Grande Guerre.
Je n'avais que cinq ans alors et je ne connaissais rien des bains de sang
Qui hantent les nuits et qui apportent un cortège de tourments.
Les silences de grand-père parlaient bien plus que ses lèvres
Et le fil du temps ne le guérissait pas d'une incurable fièvre.
Qui pourra dire aujourd'hui aux enfants l'enfer des tranchées
Quand il fallait partir à vingt ans sur une terre désolée ?
Qui pourra raconter aux petits cette violence indicible
Que personne ne croyait dans notre belle France, possible ?
Aujourd'hui lassés de toutes ces pensées mortifères,
Nous occultons les vieilles années et nos vaillants grands-pères
Qui nous ont permis de vivre notre merveilleuse liberté dans ce pays.
Personne ne nous demanderait maintenant d'en verser le prix.
D'ailleurs, je revois en boucle la tendresse de l'homme aux cheveux gris
Qui n'aurait jamais échangé ses drames contre nos mines réjouies.
Je me souviens de mon grand-père distribuant ses brassées de friandises
Avec au fond de ses yeux, quelques larmes indécises,
Des perles de sagesse que cet homme aurait voulu transmettre
À ses enfants et petits-enfants, pour leur dire «Adieu» peut-être.

Grand-père avait ainsi dans sa gorge le cri de la victoire,
Celle de la Vie sur les années sombres de notre Histoire.

1ᵉʳ prix Kerlann libre Société Académique de Nantes et de Loire Atlantique – 2016

AFRIQUE

Afrique, sous la poussière de ta terre rousse,
Avancent toutes les bêtes de la brousse.
Tes oiseaux migrateurs semblent zébrer le ciel
Sous les rayons safran d'un brûlant soleil.
Afrique, j'entends ton cœur blessé par les guerres,
Pour une peau trop noire, pour un lopin de terre.
Je me souviens de ce passé plein de tristesse
Où tes esclaves cueillaient avec tant de largesse,
Blanc coton, fruits dorés et savoureux
Quand leur ventre criait famine chez eux.
Afrique, creuse dans tes déserts des puits de fortune
Pour que l'eau bleue coule enfin vers tes dunes.
Donne à tes enfants des lendemains
Où ils n'auront plus à tendre la main
Pour une piécette, un morceau de fer gris
Alors que ton sol regorge d'or et de pierreries.
Afrique, tes sorciers, à la rouge colère, nous interpellent
Pour que tous les hommes se rappellent
Que ta terre fut le berceau de l'Humanité
Où les enfants aimeraient encore rêver.

1ᵉʳ prix Médiathèque « Joseph Rousse » La Plaine-sur-Mer- 2017

HOMMAGE À LA BELLE ABSENTE

Femme rebelle et éternelle,
Toi qui as été trop souvent offensée
Sache combien j'aimais ton côté jouvencelle,
Tes yeux pétillants de joie et de bonté.
Écoute encore le vent qui t'appelle dans les ruelles,
Là où tu avais si peur d'aller te promener,
Quand tu cherchais de l'amitié, une vague étincelle.
Laisse les anges maintenant, te consoler,
Te raconter le ciel, la Terre, les hirondelles
Qui ont fait de tes printemps, un hommage sacré.
La vie est remplie de moments fugaces et cruels
Mais qui ne détruiront jamais ta tendresse inspirée.
Sache qu'un jour, tous les enfants nés du soleil,
Comme toi, s'élèveront vers un Éden illuminé.
Ta grâce, ma petite sœur, était un cadeau intemporel
Qui défiait le temps et pansait les déchirures des cœurs blessés.

L'OUVRIER ET LE PRÉFET

Un couvreur s'affairait sur le toit d'une maison ;
Il posait des tuiles sur une charpente.
Arriva le vieux préfet de la région
Qui observait, depuis la rue, la démarche lente
Du couvreur en équilibre sur le pignon.
Le préfet trouva cette scène désopilante
Quand l'ouvrier essuyait la sueur sur son front
De ses manches et de ses mains tremblantes.
Soudain, le couvreur poussa un juron
Lorsque son allure devint chancelante.
Le notable s'empressa de lever son menton,
Espérant que la chute de l'ouvrier fût fracassante.
Mais une tuile tomba lourdement depuis le fronton
Sur le crâne du vieillard aux arrière-pensées méchantes.
Le préfet mourut, débarrassant pour de bon,
Les habitants qu'il considérait, de façon méprisante
Comme des attardés, des vauriens, des fripons.
Ainsi vont les chemins de ceux qui, de manière provocante,
Se réjouissent du malheur et de la condition
De braves personnes humbles et méritantes.

PRÉFAILLES EN FÊTE

Le soleil s'est levé sur la Corniche de la Roche Percée
Et j'aperçois des mouettes survolant une mer dorée.
Le vent du large, dans un bruissement d'ailes, m'entraîne
Tel un fétu de paille, dans la rue des Fontaines.
Peut-être ne suis-je qu'un vagabond en quête
De souvenirs, de soleils ou de bals musette.
Je m'élance, en pensant à la rue des Jardins
Où je respirerais volontiers un bouquet de jasmin,
Sauf, bien évidemment si la rue des Mûres
M'invitait à me montrer ses succulentes confitures.
Je ne suis que ce songeur qui se prépare
À un bel été où défileront de sublimes chars.
Pourtant, je rêve de remonter la rue du Plateau,
À moins de rejoindre la rue de la Croix Caillaud.
Mais même si je pouvais être un Pierrot lunaire,
Jamais, je ne repartirais en arrière
Car j'entends une clameur à la rue des Vagues ;
Je vous assure, ce n'est pas une blague !
Aussi, dois-je vous avouer mon identité enfin,
Je ne suis que ce souffle, cet air marin
Qui parcoure les rues de Préfailles,
Ne voulant décidément pas, retourner au bercail !

3ème prix concours de poésie Préfailles – 2016

SUPPLIQUE DU TROUBADOUR

Je suis le troubadour des vents et des tempêtes.
Même si le monde est fou, rien ne m'arrête.
J'ai beau chanter ma joie de vivre, j'importune,
Comme si le cri du cœur comptait pour des prunes.
Ma foi est plus forte que vos plaintes.
Pourquoi faites-vous des yeux noirs qui inspirent la crainte ?
J'aime les rires qui fusent dans les foyers
Quand ils ne sont pas là pour paralyser
L'âme de l'innocent, la quête d'une main :
Enfin, quelque chose d'aussi bon que du pain.

Je suis le troubadour des vents et des tempêtes.
Arrêtez de faire sans cesse la tête.
J'aime le crépuscule tutoyant la lune,
Une vague éphémère à l'assaut de la dune ;
Pourvu que l'on contemple les merveilles
De Dame Nature sous le soleil.
Nul autre n'est pareil que ces aurores boréales
Jetant dans le ciel leurs indicibles spirales.
Je voudrais conter, à chaque seconde,
Les richesses insoupçonnées de ce monde.

Mais le temps suspend la course folle
De toutes les années, des belles paroles.
Même les troubadours des vents et des tempêtes

Ne pèsent pas lourd de leur humble requête.
Peut-être qu'un jour, nous annoncerons le glas
De celui ou celle qui colportent ici-bas
L'écho de l'enfant, dans la nuit profonde,
Qui s'émerveille encore à chaque seconde.
Pourquoi aspirer à une futile grandeur
Quand la raison n'est rien en comparaison du cœur ?

LE FILS DE LA LUMIÈRE

C'est un matin d'été au-dessus de la côte de Jade.
Une éclatante lueur perce un nuage de brume.
Dans une large spirale dorée, une mouette plaintive
Fend l'horizon dans une course rapide et furtive.
Peu à peu, le ciel se libère des nues et se mue en une robe safran
Qui se déchire en filaments de feu, laissant là, des empreintes captives.
Un petit enfant aux yeux éblouis par ce prodige de la nature,
Avance, les pieds nus sur le sable, vers l'eau cristalline
D'un océan semblant se confondre avec les cieux.
Son cœur bat la chamade ; ses prunelles scintillent
Devant ce tableau rappelant l'une des merveilles de Claude Monet.
Assise sur un rocher, immobile, sa mère l'attend.
Elle jette un regard attendrissant sur son garçon qui sourit.
Le chatoiement de milliers de perles de lumière
Embrasse le duo, comme s'il lui livrait ses secrets.
C'est un amour divin où tout est accompli sous la voûte céleste.
Un ange passe. Le silence pénètre les deux êtres dans une aura enchanteresse.
Poussées par la houle, quelques vaguelettes viennent mourir
Aux pieds de l'enfant qui tend les bras maintenant vers sa mère.
Rien ne peut interrompre cet instant de grâce, quand l'aurore abonde,
Et que les œillets des dunes répandent, sur le rivage, leur senteur voluptueuse.
La femme se penche et prend un coquillage qu'elle tend à son fils,
Signe d'une tendresse tacite aussi forte que le feu sacré du soleil.

Enfin, la mère et l'enfant se donnent la main et s'éloignent de la plage,
Laissant dans leur sillage, une impression indicible, vouée à la sublimité.

6ème prix concours de poésie de « l'Arée du Littoral » Barbâtres 2018

APPEL LOINTAIN

Quoi ? Quelles nuées, quels naufrages
Affronterais-tu pour te sauver ?
Je sais que tu vas me dire
Que tout n'est qu'enfantillage
Et qu'il n'y a là pas de danger.
Pourtant, j'ai aperçu sur la grève,
Les bonds d'un géant qui déversait
Sa rage d'être né d'azur et de sel,
Quand moi, je suis seule et désarmée.
Quoi ? Tu oses dire que tu peux t'enflammer
Et tordre le cou à ces silhouettes
Qui, dans un sombre présage,
Annoncent que la tempête va maugréer.
Je sais, mon amour, que rien n'entrave
Ta quête d'un présent plus sûr que le Graal,
Que tes bras puiseront sans cesse
Jusqu'aux entrailles de la Terre,
Une perle plus fine que ton grain de folie.
Ta bravoure ferait chavirer des corsaires,
Ces chevaliers des mers aux pas de loup.
Je reconnais dans le clapotis d'une vague
Les raisons que tu invoques pour partir
Loin, loin de tous ces coquillages sans faille
Où s'essouffle le vent qui pourrait te maudire.

DIALOGUE AVEC LE POÈTE

Cette nuit, j'ai rencontré monsieur Baudelaire.
Il avait son manteau de pluie, son manteau d'hiver.
Je le fis entrer dans ma misérable chaumière
Afin qu'il trompât son ennui, afin qu'il sortît de son enfer.
Il a souri quand il a vu ma mine patibulaire
Et s'est souvenu de l'albatros qui, sur la mer,
Avait essuyé tant d'injures, tant de propos amers,
De paroles cruelles, de blessures et de jets de pierres.
L'oiseau avait sur le dos, pour uniques barrières,
Ses longues ailes, dérisoires armes de guerre.
Baudelaire raconta pendant des heures entières
L'agonie de l'albatros loin de la terre.
L'oiseau rêvait de garder sous ses paupières,
Tout ce qui dans le monde, est pur et lumière.
Mais les marins sont des hommes parfois pervers.
Quand l'oiseau s'invite tel un pauvre hère,
On le meurtrit et le sang versé de ses artères
Colore une mer d'azur en miroir incendiaire.
Je dissertais ainsi avec monsieur Baudelaire
Au sujet des êtres maudits, voués à la poussière.
Qui de l'oiseau ou du poète a ce spleen mortifère ?
Qui exalte les crimes avec autant de vers
Sur l'absurdité d'un monde qui va en arrière ?
La réponse semblait jaillir du cœur de Baudelaire.
Mais quelque chose se mit à flotter dans l'atmosphère.

Quand le poète disparut, je me vis marchant dans un désert,
Ce désert où Jésus priait avec ferveur notre Père.
Son amour avait été plus grand que l'Univers,
Plus ardent que tous les Baudelaire.
A quoi servent les rimes quand elles s'envolent dans les airs ?
Qu'est ce qu'une parole face au Christ et face à son calvaire ?
Aujourd'hui, je sais qu'il vaut mieux se taire
Que d'abandonner son frère dans une tourmente meurtrière.

LE CRI

Nul ne l'avait entendu résonner au ciel,
Sauf peut-être un archange que l'on interpelle.
Le gamin était trop petit, trop méconnu
Pour qu'une oreille à son souffle, fut suspendue.
Son rêve était de danser au milieu des loups
Au lieu de subir les brimades et les coups.
Peut-être un jour réussirait-elle à l'aimer,
Cette mère, sans douceur, qui fut violentée.

Nul ne l'avait entendu résonner au ciel,
Sauf peut-être l'oiseau dans un bruissement d'ailes.
Le garçon était condamné au silence,
À cacher entre les murs, sa déchéance.
Il aurait aimé pourtant écouter l'océan
Gronder au loin, tel un invincible géant.
C'est sûr, une nuit, il quitterait la maison ;
Il ne voulait pas passer sa vie en prison.

Nul ne l'avait entendu résonner au ciel,
Sauf peut-être des êtres surnaturels.
L'enfant poussait son cri dans son for intérieur
Pour dissimuler les battements de son cœur.
Il parvint enfin à ouvrir la fenêtre
Et regarda la lune réapparaître,
Il savait à cet instant, que son évasion
Ne serait jamais pour lui une consolation.

LA BRODEUSE

Elle est là, dans l'ombre d'un tilleul,
La tête penchée, ses mains cherchent le fil droit.
Sur sa toile, son aiguille s'agite, presque toute seule
Et ses doigts impriment un chemin de croix.

Croix écartelant les quatre coins du monde,
Comme si elle demeurait ainsi dans un instant de béatitude.
La femme brode, ignorant ce silence, qui, à chaque seconde,
Souligne autour de lui, son sentiment de plénitude.

Plénitude d'une vie où tout est compté comme ses points,
L'ardeur à l'ouvrage, la toile recouverte de rouge vermeil
Se comble de mésanges et de sublimes jardins,
S'étirant sans fin sous la coupole du soleil.

Soleil fugitif que l'aiguille traverse en plein cœur,
Inondant la toile de crépuscules improbables.
La brodeuse sourit et ressent une douce chaleur
D'une émotion de feu intense et inénarrable.

LA MITE ET LE CAFARD

Une mite mystique dans un placard
Faisait tranquillement sa prière du soir.
Elle demandait à Dieu de changer son statut mortifère
En celui plus gratifiant de dentelière.
Passa un cafard traînant ses savates,
Mais décidé à affronter cette reine des pénates.
« Que fais-tu là, ma pauvre mite
À étudier toujours les mêmes rites ?
Demanda le cafard, avec ironie,
Lui qui adorait les interdits.
– J'en ai assez des cols de fourrure
Et de défaire toutes ces surpiqûres,
Répondit la mite singulière,
À genoux sur une brassière.
– Mais que sais-tu faire d'autre
À part jouer les bons apôtres ?
L'interrogea le cafard cruel
Qui aimait à roder autour de la vaisselle.
Je ne voudrais pas de ta vie de nonne
Dans ce cagibi à l'odeur d'acétone.
– Moi, dit-elle, je serai un jour une mite renommée
Et je ferai des dentelles dignes d'un grand couturier...
À ces mots, le cafard éclata d'un rire sonore :
– Si tu veux, je serais ton Mentor,
Répondit-il d'un air moqueur, aux projets utopiques

De la mite sympathique. »
Puis, il prit congé de cette artisane
Pour aller se rassasier des restes d'une banane.
Mais alors qu'il se rendait dans la cuisine,
Il prit sur la tête un coup de bottine.
Ainsi mourut ce cafard misérable
Qui fut l'un des hôtes les plus indésirables.
Aussi, mieux vaut être une mite au logis
Qu'un cafard à l'agonie.

LA FEMME-HIRONDELLE

Personne ne se souviendra jamais d'elle,
Sauf dans le souvenir parfois d'une ritournelle.
Elle déambulait dans les rues de Paris
Afin de pouvoir nourrir son petit.
On l'avait couverte d'injures et d'opprobre,
Quand son ventre rond sous sa robe
Avait révélé son aventure d'un soir.
Elle était désormais réduite à faire le trottoir.
Jetée dehors en plein hiver,
On ne plaisantait pas dans les familles de militaires !
Elle ne savait pas que quand on a seize ans,
Il existait des interdits dans ce « bon vieux temps ».
L'amour, elle avait cessé d'y croire.
Son bel amant l'avait prise et laissée choir.
Elle avait mis au monde son môme dans la rue
Et elle était restée tellement dépourvue.
Chaque soir, elle marchait alors sous les réverbères
Pendant que l'enfant dormait chez une tenancière.
Elle racolait ainsi les clients pour des piécettes d'argent
Mais les hommes n'étaient jamais assez contents.
Alors, elle fredonnait des airs entraînants,
Exécutait des pas de danse avec un passant.
C'était la nouvelle Piaf des faubourgs
Mais elle ne reçut jamais de mots de velours.
Pourtant, le plus beau de tous les cadeaux

Fut les sourires de son petit dans le berceau.
Pour lui, elle avait refoulé toutes ses larmes ;
Mais hélas, elle ne put éviter le drame.
Un soir, un client en état d'ébriété
Voulut la contraindre à l'accompagner.
Et la violence de l'homme n'eut d'égal
Que les coups portés par l'arme fatale.
Le corps de la femme gisait, étendu dans ses dentelles,
Aussi frêle que le serait une hirondelle.
Personne ne se souviendra jamais d'elle,
Sauf dans le souvenir parfois d'une ritournelle.

EAU INDOMPTABLE

Tu es bulle de volupté dans l'antre d'une mère,
Balancelle improvisée entre le ciel et la Terre,
Hymne à l'enfant que tu couvres d'inoubliables baisers.
Par ton philtre d'amour infini, dès l'aube, tu le créées.

Puis jaillit cette vie bénie quand tu plonges l'innocent
Au cœur de cet univers car rien ne sera comme avant.
Ce petit ébloui par le jour, de sa bouche vermeille
Goûte le lait, une manne vitale dès son réveil.

Tu abondes dans nos corps, tu t'écoules pareil au temps,
Comme les ondées luxuriantes aux espiègles printemps.
De chaque semence, dans la nature, des racines
Exaltent de ceps en vignobles au sommet des collines.

Personne ne saisit ta course folle et vagabonde.
L'hiver, dans tes rigoles, rageusement, tu inondes
Des tendres pâturages ; tu tends des pièges aux maisonnées.
Tu inspires ainsi la peur lorsque tu ravages le blé.

Enfin, tu te retires dans le lit de tes rivières.
Ton clapotis est familier ; tes chutes légendaires
Charrient des galets polis, des fougères et des feuillages
Qui, de longs fleuves aux vastes océans, feront de beaux naufrages.

MANIFESTATION

*Une poule rousse et une poule blanche
Étaient décidées à prendre leur revanche.
« C'est déjà bien assez que l'on prenne nos œufs
Et de cuire farcies ou dans un pot-au-feu !
Si les fermiers se plaignent toujours de leur sort,
Que devrions-nous dire avant que l'on ne nous dévore ! »
S'exclama la première en agitant sa crête.
« J'en ai assez que l'on nous traite de poulettes
Sans cervelle ; nous allons faire la révolution.
Nous ne supporterons pas la ségrégation ! »
Fit la deuxième en alertant la basse-cour,
En caquetant le plus percutant des discours.
Et, ensemble, elles partirent défiler
Avec affiches et banderoles levées.
Puis elles arrivèrent dans la grande ville
Tandis que les casseurs lançaient des projectiles.
D'un pas décidé, elles se mêlèrent à la manifestation
En jacassant plus fort que tout le bataillon.
L'un des manifestants voulut s'interposer
À cette cohorte de poules révoltées.
Il reçut alors, en guise de sommation,
Des coups de bec sur les mollets et les talons.
Hélas, leurs revendications ne furent pas entendues
Et aucune d'entre elles ne survécut.
À quoi bon réduire au silence*

Des êtres qui sont sans défense ?
À force de détruire notre gagne-pain,
Nous vouerons nos enfants à une triste fin.

LA VOIX DE L'INNOCENCE

Nous sommes tous des accidentés de la vie.
Dès la naissance, nous poussons le même cri :
Cri de libération, cri de joie, cri de souffrance.
Personne n'en connaît véritablement le sens.
Et quand l'enfant grandit, combien de coups
Devra-t-il recevoir sans ne jamais se mettre à genoux ?
Sera-t-il entouré d'affection ou d'affliction
Dans un beau milieu ou dans une pauvre maison ?
Enfant des rues, enfant de la guerre ou enfant-roi.
Sur la Terre, il n'aura pas la même foi.
Et qu'il soit baigné de douceur ou inondé de larmes,
Il ne disposera pas des mêmes armes.
L'enfant croît comme un arbre au bord d'un ruisseau
Mais ses volontés ne sont que des coups d'épée dans l'eau.
Ce que l'homme vit, il l'impose à sa progéniture
Comme s'il voulait posséder même son futur.
Nous avons tous été pourtant comme des enfants, si petits
Et notre pseudo grandeur est le cadet de leurs soucis.
Nous devons les porter avec bienveillance et avec joie
Afin que leur route ne soit plus un chemin de croix.
Et que jamais plus les chantages, les outrages ou la violence
Ne soient nos règles de vie pour les réduire au silence.
Parce que l'enfant est un porte-parole ici-bas
Qui fait de l'innocence, la plus belle des lois.

NÉBULEUSE

Mais où sont passés ces mots qui te ravissaient,
Que je dispersais dès le matin, sur le papier ?
Cela fait tant de jours, tant de nuits sans cet élan
De douce folie où ma plume savait te charmer.
Depuis, l'encre a séché, les palombes se sont envolées.
Dans le fond de ma mémoire, se creuse un abîme,
Laissant inexorablement le silence m'habiter.
Peut-être ai-je commis quelques terribles crimes
Pour que mes pensées partent ainsi dans ce spleen.
Je savais ce qu'était ton rire sonore dès l'aube,
Ces « je t'aime » qui résonnent dans notre si bel été.
Mais le destin a emporté dans sa robe
D'indifférence mes paroles, mes métaphores.
Tout s'écoule comme le temps, comme l'eau.
Même la force des océans, même le poids de l'or
Ne résisteront aux absences de mon cerveau.
Je voudrais tellement découvrir encore
La beauté du monde, sans être emprisonnée
Dans ce carcan de chair qui me tient lieu de corps.
Un jour, c'est sûr, j'arriverai à me métamorphoser.
Je serai ce papillon de velours qui viendra délicatement
Poser sur tes lèvres des promesses que j'aurai inventées.
Je serai cette offrande au tumulte du vent
Qui ne parviendra jamais à nous décomposer.
Adieu mon amour, souviens-toi de ma prose

Parcourant ton corps de frissons et de larmes.
J'emporterai avec moi quelque chose :
Le reflet de tes yeux plus étrange que mon drame.

PARESSE DE MONSIEUR LE CHAT

Aussi rond que la lune ou qu'un oursin des mers,
Il s'est enroulé près de l'âtre, ce beau chat de gouttières.
Son dos de velours par tant de mains caressé
Chatoie sous la lueur d'un sapin décoré.

De Noël, le chat n'en a vraiment rien à faire
Il préfère rêver, pelotonné sur une veste en mohair.
Ses yeux d'agate savent si bien captiver
Que monsieur chat aurait tort de ne pas en abuser.

Ses miaulements plaintifs, ses longs ronronnements
Sont aussi familiers que ses airs nonchalants.
Mais à quoi peut-il bien rêver, ce sans-souci ?
À une bergeronnette, sans doute, ou à une perdrix.

Enfin, il lèche son dos avec grâce et élégance
Pendant que sa longue queue bat la cadence.
Il possède une grâce si féline, une démarche si résolue,
Tant et tant que personne n'oserait le mettre à la rue.

ASSEZ !

Assez d'être sur votre nez
À longueur de journée,
De m'accrocher à mes tiges.
Mon Dieu, j'ai le vertige !
Lasse de voir de près vos yeux,
Il y a sûrement mieux.
Je rêve de partir bien loin ;
Je ne suis pas une moins que rien !
Parfois, je suis sur un buffet,
Déposée comme un vulgaire paquet,
Parfois, on me les brise menus,
Je parle de mes verres, bien entendu !
On me pose, on me recherche ;
On m'abandonne, on me perche.
Mais que donc vous ai-je fait,
À part arranger votre portrait ?
Si vous continuez ainsi,
Je vous donnerais du souci.
Je brouillerais mes vitres,
Afin de faire le pitre.
Assez d'être sur votre nez
Et d'être trop souvent changée.
J'en ai marre qu'on me maltraite,
Je ne suis qu'une paire de lunettes.

UTOPIE

Comme ce serait beau si la magie de Noël
Opérait quelques métamorphoses sur nos dirigeants.
Je les imagine en culottes courtes et bretelles
Dans la cour d'une école ; ce serait plus marrant.
Peut-être que chacun pourrait enfin mettre son grain de sel
À ce monde qui devient de plus en plus menaçant.
Un enfant a beaucoup plus de cervelle
Qu'un adulte qui veut jouer les puissants.
Les lois se voteraient au beau milieu d'une marelle.
Personne n'oublierait les exclus, les mendiants
Qui sortiraient de leur cauchemar, de leur tunnel
Afin de recevoir nourriture, réconfort et argent.
Jamais plus nous ne verrions sous le ciel
Et dans nos rivières, ces déchets, ces solvants
Qui s'amassent chaque jour davantage sous le soleil
Et empoisonnent notre air et notre sang.
Quand viendra-t-il enfin ce jour de Noël
Où les enfants s'en iront en bondissant
Sans craindre les pervers lâches et cruels,
Vers des collines et des pâturages blancs ?
Quand reverrons-nous la biche ou la demoiselle
Se baigner dans des lacs ruisselants,
Au milieu d'une Dame nature toujours plus belle
Qui veillerait sur elles comme une maman?
Mais hélas, la magie de Noël

A laissé place à des gouvernants
Qui continuent à nous faire croire au Père-Noël
Alors qu'ils nous offrent un avenir bien inquiétant.

VIBRATIONS

Écoutez-le déchirer les plis de la nuit,
Se fracasser sur les rochers dans une vague en colère.
Entendez-le bondir, plus agile que le vent,
Plus profond que les appels du tonnerre.
Il va et vient sur les rampants des collines
Et fait battre nos cœurs dans sa course rapide.
Il a la force du torrent qui polit
Le lingot d'or pour se mettre en appétit.
Il passe, surpasse, déchaîne des tempêtes et des volcans
Jusqu'à fendre l'âme des plus téméraires.
Savez-vous que rien ne l'arrête ?
N'est-il pas plein d'insolence et de démesure
Quand il s'acharne comme un fauve sous la lune ?
Il jette l'opprobre sur la violence des hommes.
Le monde aimerait pourtant l'apprivoiser,
Quand il vante la treille ou le prix du blé.
Il transgresse les oraisons et les prières ;
Il sévit sous la lumière.
Croyez-vous qu'il va cesser aux carrefours de nos cités ?
Je l'entends dans la gorge de nos enfants, pareil à une bombe.
Il adjure nos âmes d'être pures et fécondes.
Écoutez-le bien, ce cri de la Terre !

LE BERGER

Mais où est passé cet homme, ce berger si sympa ?
Vous savez ? Celui qui veillait sur ses agneaux délicats.
Il est parti, il a déserté les vallées, les vastes prairies.
Les brebis sont abandonnées, les loups sont entrés ici.
Et le Ciel s'est enflammé ; son courroux a éclaté.
Le manteau de la nuit s'est déchiré. Puis les années se sont écoulées.

Mais où est passé cet homme, ce berger si sympa ?
Vous savez ? Celui qui assurait la pitance à la force de ses bras.
On a oublié parfois comment il parlait à ses moutons,
En les caressant, en leur donnant à chacun, un nom.
Quelqu'un l'aurait-il maltraité ? Quelqu'un l'aurait-il assassiné ?
Depuis ce temps, même les nuages se sont mis à pleurer.

Mais où est passé cet homme, ce berger si sympa ?
Vous savez ? Celui qui avait guéri tellement de fois,
Des aveugles, des infirmes, tous ces éclopés privés d'amour,
En leur promettant de plus belles richesses en retour.
Le monde, n'aurait-il jamais cherché à le comprendre,
Cet homme qui savait si bien nous surprendre.

Mais où est passé cet homme, ce berger si sympa ?
Peut-être est-il malheureusement passé à trépas.
Depuis, tant de lierres ont grimpé sur les calvaires.
On dit que l'homme était une pierre angulaire.

Et, un matin de printemps, dans un soleil éblouissant,
Il est apparu à des femmes et à des hommes au cœur d'enfant.

FLORILÈGE

Cueillir tes mots, ces susurrements de velours,
Comme aller se baigner dans l'eau claire des fontaines.
Puiser des pépites d'or aux pupilles de tes yeux gris
Pour louer l'infinie douceur de tes rêves.
Je voudrais déclamer un hymne à la tendresse
Et laisser sur la buée des fenêtres, de vagues messages,
De saisissantes confidences qui résisteraient au souffle d'un été.
Comment pourrais-je effacer le sceau de tes mains sur ma peau ?
La délicatesse de tes lèvres est pour moi, pareille à la brise,
M'enrobant de ses ailes légères.
J'attends le son de ton pas sur les pavés du seuil de notre maison,
Comme un veilleur est suspendu à la course des nuages.
Et je m'enivre de la rosée du matin
Parce que je devine que tes bras vont s'ouvrir
Et que j'y trouverai les émotions d'un premier jour.
Rien ne passe, rien ne flétrit comme une rose,
Sans avoir dessiné au cœur même des choses, un signe,
La grâce d'un souvenir conjurant le mauvais sort.
Jamais je n'oublierai, dans l'éclat de ton sourire,
Ce soleil que tu aimes tant voir se lever.
Je chasserai alors ces crépuscules obscurs
En les brûlant d'un amour fébrile.
Ma tendresse sera plus forte que ton absence,
Cette peur du vide condamnée à mourir.

Mention honorable poésie « Poètes de France et d'Ailleurs » Pornic – 2018

LA REVANCHE DE LA CIGALE

La cigale continuait inlassablement à chanter
Malgré les recommandations de Dame fourmi.
Elle se disait qu'importent l'hiver ou l'été,
Un jour, je trouverai forcément un ami
Qui acceptera bien de m'héberger.
Sa voix de soprano était sa seule liturgie,
Son credo, son manteau, son œuvre improvisés,
Donnant un véritable sens à sa vie.
La fourmi, quant à elle, passait son temps à amasser
Des vermisseaux pour son profit,
En se jurant d'ignorer la cigale affamée
Qui fredonnait de jour comme de nuit.
Mais un jour, lasse de l'écouter dans les prés,
Dame Fourmi voulut en finir avec ses fantaisies ;
Elle eut cette monstrueuse idée :
Envoyer la cigale striduler ailleurs, dans une autre prairie.
La malheureuse fut sommée de déguerpir un jour de février,
Sous une avalanche d'insultes pleines de mépris.
La fourmi était nantie d'une immense armée,
Prête à expulser tous les faiseurs de bruits.
C'était compter sans un promeneur égaré
Qui remarqua cette cohorte de fourmis
Traînant la cigale amaigrie et effarouchée
Vers un endroit désert qu'elle n'avait pas choisi.
L'homme la vit, se pencha et fut charmé

*Par la complainte de la cigale endolorie
Qui gesticulait et s'évertuait à parlementer,
Malgré les attaques incessantes de ses ennemies.
Il s'accroupit, emmena la cigale pour la combler
D'attentions : elle avait enfin trouvé un ami
Qui la vengea en écrasant de ses pieds
Dame Fourmi et ses intraitables furies.
La morale, c'est qu'il ne sert à rien de tout s'approprier
Car un jour, on récolte forcément le fruit
De son indifférence et de son manque de charité.
L'avarice est l'une des pires ignominies.*

TRAIT D'UNION

De chaque côté de la rivière, deux enfants découvraient
Dans le reflet du torrent, ce qui les séparait
Soudain, la fillette se mit à faire un vœu ;
Rejoindre le petit garçon au sourire si joyeux.
Lui, considérait la distance évidente,
Qui empêcherait cette rencontre innocente.
Mais le mystère des battements de son cœur
Troublait agréablement son for intérieur.

De chaque côté de la rivière, ils se devinaient.
Il était fait pour Elle et Elle le savait,
Comme la lune pleine à la nuit étoilée,
Comme une douceur dans l'écorce de l'oranger.
Le garçon cherchait un chemin, en vain.
Un arc-en-ciel, passage opportun,
Leur proposa une improbable promesse :
Un amour plus éternel qu'aucune autre richesse.

De chaque côté de la rivière, ils firent des projets,
Se fondre l'un dans l'autre comme deux secrets.
Le soleil riait, du fond de ses nuages,
De ces êtres charmants, comblés d'enfantillages.
Le garçon tendait avec gourmandise
Vers sa belle ingénue, une douce cerise.
Elle esquissa un pas de danse dans la direction
De ce pont éphémère, leur seul trait d'union.

*Depuis chaque côté de la rivière, ils se jetèrent,
Espérant atteindre cette passerelle de lumière.
Peut-être les enchaînerait-elle, comme des amants,
Unissant leurs âmes aux couleurs d'un diamant.
Le garçon agrippa les deux bras menus
De la fillette fragile et émue.
Il l'empêcha ainsi d'être emportée
Par les flots bleus et, sur la joue, lui donna un baiser.*

ODE À L'OCÉAN

Combien de vagues, combien de perles d'azur
Colportent tes longues plaintes et tes murmures ?
Sur tes falaises dressées telles des remparts,
Ta puissance déchaîne des flots revanchards.

Ton âme vive emporte dans un tourbillon
La frégate égarée, gonflée de moussaillons.
Océan de larmes, comment as-tu laissé
Sur la côte de Jade, la veuve éplorée ?

Depuis ta vaste Bretagne au pays de Retz,
Tu déploies une robe d'écume argentée.
Ni le vent d'Ouest, ni les courants téméraires
N'effacent sur le sable, tes voies légendaires.

Tes îles infinies, comme des sirènes,
Envoûtent tes promeneurs et les entraînent
Au-delà de tes ponts qui fendent l'horizon.
Le soleil darde ses rayons sur tes lagons.

Et de l'île d'Ouessant à celle des Oiseaux,
Tu transportes ton air marin tel un vaisseau.
Ainsi, tes marées déconcertent le pêcheur,
En offrant un tableau d'une rare splendeur.

2ème prix Médiathèque « Joseph Rousse » La Plaine-sur-Mer – 2015

LES QUERELLEUSES

Une chaumière et une maison s'interpelaient depuis leur paillasson.
« Toi, dit la première, même ton cœur est fait de béton.
Et si tu n'as rien à craindre des ouragans et des terribles hivers,
Le confort de tes salons manque singulièrement de caractère.
– Mais pour qui te prends-tu, fit la deuxième sur un ton autoritaire,
Toi, tu es si petite et si remplie de poussière et de courants d'air
Qu'aucun être au monde aimerait loger chez toi
Sans se couvrir de pustules ou sans être transi de froid ! »
Les jours passèrent ainsi pour ces deux commères
Aussi bornées et stupides que leurs commentaires.
Puis arriva près de la maison, une armée de grues, de pelleteuses et de bulldozers
Et, en quelques mois, se dressa un immeuble extraordinaire.
La maison ne voulut surtout pas se montrer impressionnée
Par les dimensions de ce nouveau venu bien fortuné.
Elle sortit alors ses plus beaux atours, ses façades repeintes,
Soigna ce jardin qui la flattait, orné de roses et de jacinthes.
Mais c'était compter sans son propriétaire pressé de la vendre
À un promoteur prêt à la réduire en cendres.
En quelques jours, la maison tomba jusqu'à terre
Tandis que la chaumière reprit ses grands airs.
Mais un matin d'hiver, le zéphyr redoubla de violence
Secouant la charpente de la bicoque dans tous les sens.
La chaumière se retrouva les quatre fers en l'air
Devant l'immeuble médusé, comblé de nombreux locataires.

Peu à peu, le paysage fut envahi d'asphalte et de béton armé
Par une entreprise qui aimait tout exploiter.
Personne ne se souvint de ces belles années
Où s'entretenaient deux habitations surannées.
Ainsi vont les arrogants, au gré du vent et des courants.
Ils ne résisteront pas aux maléfices du temps.

PROPHÉTE

N'oublie jamais, cher prophète,
Que lorsque ton cœur bat pour la planète,
L'arc-en-ciel est en symbiose
Avec l'âme et la beauté des choses.
Et quel que soit le cri que tu envoies
Dans l'Univers, tes colères, tes émois,
On entend vibrer ta voix dans les déserts
Qui se fond dans le tonnerre.
Tes horizons sont plus grands qu'une banquise
Et tes pensées impénétrables, immortalisent
Le souffle de la Vie, les adages des enfants.
Grâce à toi, le futur se conjugue avec le présent.
Et si parfois, tu ressembles à l'un de ces poètes
Qui sait s'émerveiller des signes, de l'envol d'une mouette,
Tu ne cours jamais après d'inaccessibles chimères.
Et tes proverbes peuvent faire le tour de la Terre.
Un jour, quand les étoiles se seront décrochées
De la voûte céleste sous laquelle tu aimais tant à méditer,
Tes mots continueront à parcourir le temps,
Aussi véloces que les pas de tes vingt ans.
Comme la Genèse fut toujours fidèle au divin,
Le prophète portera toujours la Parole en son sein.
Nul ne pourra jamais le corrompre ou le museler
Car, au commencement du monde, Dieu l'avait créé.

AH ! LES VACANCES ...

Ah ! Les vacances au bord de la mer,
Avec ses embruns, sa belle atmosphère !
Nous partions de si bon matin
Et avec les voyageurs, nous prenions le train.
À peine étions-nous arrivés à destination
Qu'avec allégresse, nous courions jusqu'à la masure.
Elle semblait nous accueillir et dans l'embrasure
De la porte, nous découvrions une pièce si restreinte
Que nos rires se changèrent en plaintes.
Maman, coiffée de son chapeau de paille,
Nous consolait en déposant quelques victuailles
Sur la table de chêne qui trônait au milieu de la pièce.
Assis sur des bancs, nous goûtions à toute vitesse.
Puis, nous prenions la fuite vers la plage vendéenne,
Suivant du regard, l'envol de mouettes qui, par dizaines,
Zigzaguaient au-dessus de nos petites têtes.
Nos yeux n'en perdaient pas une miette.
Mes claquettes, enfouies dans le sable,
M'abandonnaient au sable brûlant, redoutable.
Enfin, la clameur des vagues nous appelait
Et nous nous dirigions, l'air guilleret,
Vers l'eau claire qui venait lécher nos chevilles.
Sous un soleil ardent, une belle vie de famille !
Et le soir, marchant sur les aiguilles de pin, nous revenions
Avec sur nos lèvres, un goût de sel comme une chanson.

*Le soir s'achevait dans une unique chambre à trois lits
Par des histoires de papa et de ses plaisanteries.
Ah ! Les vacances au bord de la mer,
Avec ses embruns et sa belle atmosphère !*

LA SOUBRETTE ET LE BARON

Des lunettes et des lorgnons
Etaient posés sur un guéridon.
Arriva une soubrette
Qui n'en faisait qu'à sa tête ;
Elle essayait un pantalon
Au gabarit d'un marmiton.
Fanchon prit donc les lunettes
Afin de jouer les coquettes
Et on entendit un juron
Quand elle fit choir les lorgnons.
Ces derniers étaient en miettes ;
Fanchon mit dans une assiette
Ce qui restait des dits lorgnons
Et prépara une infusion.
Une drôle de recette :
Des débris dans le bouillon
Afin d'étouffer le baron.
Elle l'avait trouvé pompette,
La veille sur la moquette,
Rampant sous ses jupons ;
C'était vraiment un polisson.
Fanchon fut insatisfaite :
Le baron levait la tête,
Bien plus frétillant qu'un gardon,
Les yeux écarquillés et ronds.

Il exigea ses lunettes ;
Fanchon, voyant sa gourmette,
Lui asséna sur le menton
Un coup de balai pour de bon.
Avec l'or, dans les guinguettes,
Fanchon fit longtemps la fête
Jusqu'au matin où des matons
Lui donnèrent des coups de bâton.

TENDRE AFFECTION

Mon enfant, ne méprise pas la nuit.
Elle a fait des étoiles ses petits.
Lorsqu'elle déploie ses ailes bleues,
C'est pour y voir les rêves dans tes yeux.

Elle te contera dans ton sommeil
Les trésors qu'elle doit au soleil :
La blancheur de ses rayons diaphanes,
Son attrait pour les vagues océanes.

Elle te susurrera combien elle enchante
L'âme du petit gitan dans une lutte charmante.
Quand elle s'offre en croissant scintillant de miel,
C'est pour mieux attendrir tous les anges du Ciel.

Et quand Dame Lune se fait ronde, elle transporte
En son sein, le vagabond frappant à nos portes.
Elle lui prodigue sa lumière afin de le conduire
Vers un foyer de douce chaleur qui saura l'accueillir.

Mon enfant, aime la nuit quand elle efface
Au clair de la lune, ces fantômes tenaces.
Elle aura toujours cette grâce surnaturelle
Quand, dans une éclipse, elle unit la lune au soleil.

ÉCHAPPÉE BELLE

Les voyelles se sont fait la belle
En quittant les tableaux noirs du désespoir.
Qu'auraient bien pu faire ces tourterelles
Dans des écoles vaines et illusoires ?
Peut-être que de nouvelles règles leur cherchaient querelle
Ou que les instituteurs les exploitaient chaque soir.
Dans les classes, les élèves apprirent la terrible nouvelle
Et s'en allèrent pour avertir les classes préparatoires.
On se mit alors à fouiller dans toutes les poubelles,
À chercher dans les cartables, sous les armoires.
Les instituteurs, les directeurs et des ribambelles
D'enfants se dirigeaient vers les couloirs.
Et ce fut des bagarres dans les personnels,
Des grommèlements, des scrogneugneu récriminatoires,
Des bafouillis, sans la prononciation de la moindre voyelle.
Il faut dire que des mouvements de grève sur les trottoirs
Annonçaient le glas de notre langue maternelle.
Des journalistes opportuns apprirent cette histoire ;
Ils se munirent de leur caméra, de leurs appareils circonstanciels
Afin de recueillir des informations pour leur auditoire.
Mais ce n'était sûrement pas de vrais professionnels
Et personne ne comprit jamais rien à leur interrogatoire.
Entre temps, les consonnes s'étaient lassées aussi de ce pays surnaturel,
Et s'étaient échappées de leur territoire.
Le monde semblait perdre, peu à peu, la cervelle.

Plus aucun adulte ne pouvait s'exprimer et comme il fallait le prévoir,
Seuls, les enfants avisés se conduisirent de façon rationnelle
Et emmenèrent dans leur cartable, leur dictionnaire et leurs devoirs.
Ils quittèrent ce pays impossible, par trop insurrectionnel,
Pour inventer de nouvelles règles qui les feraient sortir de ce cauchemar.

CONFRONTATION

« Pourquoi me regardiez-vous de vos yeux globuleux
Comme si c'était moi le plus monstrueux
Écrivit sur sa lettre d'adieu, l'adolescent en pénitence,
Vous croyez vraiment que j'ai de la chance ?
Vous me laissez dans un coin à noyer mon chagrin.
Est-ce ainsi que l'on traite les orphelins ?
Vous prétendez vous soucier du reste du monde.
Moi, je sais que la Terre n'est pas bien ronde.
Là-bas, dans des contrées surpeuplées,
Des enfants regrettent même d'être nés.
Comme à moi, on leur fait souvent offense,
Comme pour moi, on fait taire leur souffrance.
Sachez que l'on vend des petits aux plus offrants,
À ces nantis pourvus d'or et d'argent
Et qu'ils leur apprennent des actes malhonnêtes.
Croyez-vous donc que nous sommes si bêtes ?
Combien faudra-t-il ainsi d'agneaux immolés
Afin de satisfaire des bandes de pervers et de dépravés ?
Moi qui avais tellement rêvé depuis l'orphelinat
D'une famille juste qui se soucierait vraiment de moi.
Au contraire, je vois en vous des gens intéressés,
Qui se demandent ce que je vais leur rapporter.
Je ne ferai pas partie de votre gibier
Que vous avez tant de plaisir à montrer.
Je ne serai jamais un animal de foire

*Qui vous servira de faire-valoir.
Je vous quitte car il n'y a dans votre cœur
Autant de mépris que de laideur.
Adieu ou à jamais notables sans tendresse,
Je préfère m'enfuir à toute vitesse ».
Et l'adolescent partit un matin d'été
À la recherche d'un nouveau foyer.*

AU PIED DE LA LETTRE

Peut-être me portera-t-il demain à nouveau sur son dos,
Ce petit bonhomme qui, mine de rien, est tellement attendu.
Serais-je trop frivole ou trop lourde de mots
Pour que personne encore ne m'eût jamais lue.

Quand entrerai-je dans une maison sans être décachetée
Par des mains trop avides et pressées, sans l'ombre d'un respect.
J'ai passé tant de temps dans ces boîtes et ces casiers
Et je désire ne plus être traitée comme un vulgaire paquet.

Il m'a fallu beaucoup de patience pour recevoir
Des confidences glissées dans mon ventre si blanc.
Je me sens souillée parfois, quand je me sens comme un réservoir
De phrases cruelles, de haine abjecte et de propos virulents.

Mais souvent, des frissons parcourent mon enveloppe
Lorsqu'une main délicate trace sur mon papier parfumé,
Des aveux gorgés d'amour, sous une encre bleue qui me dope.
Cette manne fruitée est plus savoureuse que les fruits d'été.

Je suis alors dévorée des yeux ou pressée sur un cœur battant
Où je devine une fièvre singulière, propre aux amoureux.
Je ressens une émotion indicible, l'un de ces tendres sentiments
Sous une averse de larmes fines qui semblent venir des Cieux.

*Je sais malheureusement qu'un jour je serai abandonnée
Dans le tiroir d'une armoire, au creux d'un vieux grenier.
Mais mon désespoir se métamorphosera en félicité
Quand mes messages mûriront jusqu'à la postérité.*

LA TAILLE DE GUÊPE

Une guêpe admirait son portrait sur un bout de miroir.
Elle tournait, virevoltait, s'extasiait
Devant son joli maillot jaune, rayé de noir
Qui faisait sûrement son petit effet,
Dans un paysage bordé par la Loire.
Passa une abeille qui, perdue, furetait
En cherchant son chemin, pleine d'espoir.
La guêpe, à l'affût, aperçut le reflet
De cette égarée, au beau milieu du miroir.
Elle fut horrifiée par les bourrelets
Du ventre de l'abeille, rond tel un encensoir,
Qui bouchaient la vue de son corps qu'elle jugeait parfait.
La guêpe envoya l'abeille se faire voir
Ailleurs, dans un endroit où celle-ci bourdonnerait,
À l'abri des regards, dans l'obscurité du soir.
Tête baissée, l'abeille s'enfonça dans une forêt
Où elle butina, pour calmer son désespoir,
Le pollen des bleuets, des jacinthes et des muguets.
Puis, dans la fente d'un chêne, afin de pourvoir
À ses besoins, chaque jour, elle travaillait.
Avec le pollen, elle faisait du miel de ses pattes dérisoires.
L'hiver vint et les eaux du fleuve gelaient ;
Vous n'allez jamais me croire,
Mais la guêpe se regardait encore dans le reflet
De l'eau changée, cette fois-ci, en patinoire.

Puis elle eut faim et elle salivait
En pensant à la bonne chair d'une poire.
Alors, toute tremblante, la guêpe voulut connaître le secret
De la pauvre créature qu'elle avait laissée choir
En plein cœur de la terrible forêt.
L'abeille, quant à elle, avait agrandi son territoire

Et invariablement prospérait,
Bien à l'abri du froid qu'il fallait prévoir.
La guêpe, lentement faiblissait, maigrissait ;
Sa silhouette faisait peur à voir.
Sa taille de guêpe était à souhait,
Mais son ventre gargouillait comme une bouilloire.
Moralité : une guêpe mérite un coup de balai
Quand elle consacre tout son temps devant un miroir
Au lieu d'aller butiner dans les genêts.

Prix d'honneur de la Fable « Poètes de France et d'Ailleurs » Pornic – 2018

MES DEUX CHÉRIES

Voyez ce beau ventre rebondi sans fenêtre
Où croît la vie bénie d'un petit être.
Il dort, il s'agite, son cœur palpite
Comme autant de songes qui l'invitent.
Sa tête est auréolée d'une couronne de brume
Et rien autour de lui ne l'importune.
Ce sera un gai pinson ou une jolie colombe
Qui va ravir ses parents en quelques secondes.
Son souffle divin est tant attendu
Que même les anges y sont suspendus.
Sa bouche vermeille raconte peut-être
Que, dans un autre nid, est en train d'apparaître
Un grain de vie, une douce myrtille.
Ne voyez-vous pas que ces mères sont mes filles ?
Je les regarde rire, leurs yeux, comme des diamants
Annoncent déjà le plus pur des printemps.
Aucune poésie, aucun mot, aucun alphabet
Ne peuvent dire l'extase à en rester muet
D'une grand-mère redessinant l'avenir.
Mes filles n'ont-elles donc pas fini de grandir ?
Devant leur bonheur, je me fais alors toute petite.
Je me souviens de leurs cris ; j'invoque leurs rites.
Maintenant, leur ventre est aussi chaud que deux soleils
Et mon âme dans l'ombre, lentement s'émerveille.

CHÈRE POÉSIE

J'ai choisi la poésie comme l'on prend le premier train,
Mais sans savoir où mèneront ses insoupçonnables chemins.
J'ai prêté l'oreille au chuchotement d'une prose
Dédiée à ma douce mère, au parfum de la rose.
Et des larmes de pluie ont coulé sur mes joues
Comme autant de perles fines, de précieux bijoux.
J'ai tenté en vain de surprendre l'étoile du berger
Projetant dans les nuages, des étincelles dorées.
Et le monde m'a semblé presque aussi étrange
Que cet impossible mélange entre les diables et les anges.
J'ai été subjuguée par les contours de ton visage
Comme je le serais à l'annonce d'un merveilleux présage.
Mais tout semble s'éloigner de mon être
À part des mots et des images que je vois apparaître.
Mes pages embaument alors la bruyère et le miel.
Je prends plaisir à y ajouter mon grain de sel.
Curieux grain de folie qui me pousse à voyager
Loin, très loin de la Terre où je suis née.
Personne ne peut pourtant échapper aux cruautés de ce monde
Qui sait trop bien comment conduire l'homme à sa tombe.
Mais rien ne jouera les trouble-fêtes dans la tête du poète
Car sous sa plume, s'enflamment les trésors de la planète.

Je remercie Aude Chiron pour ses magnifiques aquarelles.

Je remercie également toutes les personnes qui ont contribué à la réalisation de cet ouvrage.

TABLE DES MATIÈRES

HISTOIRE D'UNE MAIN	7
MESSAGE TROUBLANT	9
OBSESSION	11
L'ORANGE DE NOËL	15
EN SOURDINE	17
RENAISSANCE	19
HISTOIRE D'UN BOULANGER	21
AMOUR ABSOLU	23
L'ÉCOLIÈRE	25
LES FAVEURS DE MARGAUX	27
L'ETOILE ET LE CHEVAL FOU	31
BATAILLE POUR LA PAIX	33
GRAND-PÈRE	35
AFRIQUE	37
HOMMAGE À LA BELLE ABSENTE	39
L'OUVRIER ET LE PRÉFET	41
PRÉFAILLES EN FÊTE	43
SUPPLIQUE DU TROUBADOUR	45
LE FILS DE LA LUMIÈRE	49
APPEL LOINTAIN	51
DIALOGUE AVEC LE POÈTE	53
LE CRI	55
LA BRODEUSE	57
LA MITE ET LE CAFARD	59
LA FEMME-HIRONDELLE	61
EAU INDOMPTABLE	63

MANIFESTATION	65
LA VOIX DE L'INNOCENCE	67
NÉBULEUSE	69
PARESSE DE MONSIEUR LE CHAT	71
ASSEZ !	73
UTOPIE	75
VIBRATIONS	77
LE BERGER	79
FLORILÈGE	81
LA REVANCHE DE LA CIGALE	83
TRAIT D'UNION	85
ODE À L'OCÉAN	87
LES QUERELLEUSES	89
PROPHÉTE	91
AH ! LES VACANCES …	93
LA SOUBRETTE ET LE BARON	95
TENDRE AFFECTION	97
ÉCHAPPÉE BELLE	99
CONFRONTATION	101
AU PIED DE LA LETTRE	103
LA TAILLE DE GUÊPE	107
MES DEUX CHÉRIES	109
CHÈRE POÉSIE	111